L'ARISTOCRATE

ET

LE PROLÉTAIRE.

L'ARISTOCRATE

ET LE PROLÉTAIRE

OU

LE PACTE DE LA NOUVELLE ALLIANCE

ÉPISODE DU 23 FÉVRIER 1848

PAR

DÉSIRÉ GILLE

(DU JURA.)

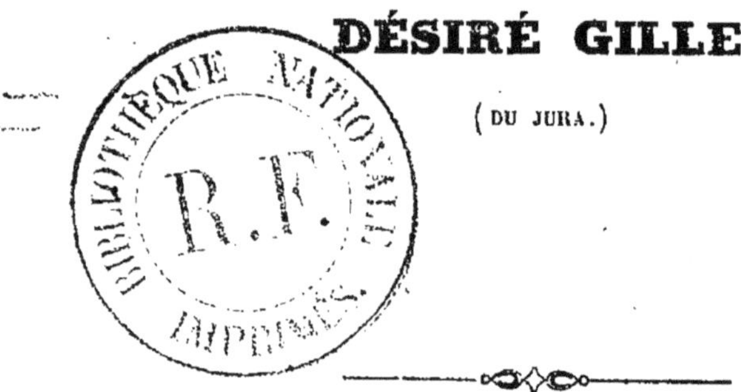

PARIS

IMPRIMERIE DE SCHNEIDER

RUE D'ERFURTH, 1.

1849

L'ARISTOCRATE

ET

LE PROLÉTAIRE.

CHAPITRE PREMIER.

Le 23 février de l'an 1848, nous étions à la veille de l'une de ces grandes commotions politiques qui retentissent non-seulement en France, mais dans le monde entier.

Paris, la grande cité, donne le signal, et à son appel tous les peuples se réveillent pour secouer le joug de leurs oppresseurs, continuellement entourés de flatteurs qui, par leur lâche complaisance, semblent n'avoir d'autre mission que d'empêcher la vérité d'arriver jusqu'au trône.

Le peuple souffre, il se plaint, l'honneur de la France se ternit, les bons citoyens en gémissent ; partout le gouvernement, qui devrait donner l'exemple de la moralité, se sert de la corruption pour démoraliser ; l'on est déjà arrivé à ce point de démoralisation que la corruption a pénétré jusqu'aux représentants directs du trône, à des ministres, après avoir passé par toutes les autres branches de l'administration.

S'il m'est permis de me servir de cette expression, le gouvernement paraît vouloir gouverner d'après les principes que l'on attribue à l'esprit des ténèbres, c'est-à-dire par les passions les plus basses du cœur de l'homme ; car les places les plus lucratives comme les plus honorables, les titres d'honneur comme ceux de la fortune, tout semble appartenir à une classe de privilégiés.

A la vue de tant d'ignominies, les honnêtes citoyens poussent des cris d'indignation, mais ces cris et ces plaintes vont se perdre au pied du trône, dans la fumée des encensoirs royaux.

Là, ces encenseurs panachés aux couleurs d'or, qui sont les grands prêtres de cette divinité humaine, évitent toujours avec soin de laisser pénétrer dans leurs parfums de ces plaintes qui exhalent une odeur trop amère pour être dignes d'être offertes en holocauste sur l'autel de leur dieu.

Mais s'ils sont occupés sans cesse à enivrer leur divinité du plus doux parfum qu'exhalent les fleurs de la déesse vaniteuse, il ne faudrait pas pour cela en conclure qu'ils ont pour elle une bien grande vénération, quelques-uns même manquent de foi en sa puissance ; mais avant tout c'est leur poule aux œufs d'or, et comme cette poule est d'une nature très-farouche, ils craindraient qu'un moment d'épouvante portât atteinte à sa fécondité.

Mais si, quelquefois, malgré son active surveillance, une plainte arrive jusqu'au diadème par une issue dérobée, semblable à un doux rayon du soleil qui se glisse à travers la fente d'un lambris ; si l'oreille royale a entendu un mot de plainte, ce mot la surprend, et l'on dirait qu'elle entend pour la première fois ces mots qui sont dans toutes les bouches depuis longtemps : « Le peuple souffre, l'on ne fait rien pour lui, la « dignité nationale est foulée aux pieds, partout la corruption marche la « tête levée, les milliards de l'État viennent se fondre sur la tête de quel- « ques privilégiés ; nous marchons à une ruine certaine. »

C'est alors que ce cri a retenti d'un bout de la France à l'autre : la Réforme !...

La réforme électorale peut seule, sans bouleversements, nous conduire à une régénération sociale.

Mais, comme je viens de le dire, ce mot de réforme qui, d'échos en échos, est arrivé jusqu'au trône, un moment a paru troubler le monarque ; mais, pour dissiper son inquiétude, il réunit au plus vite son conseil ordinaire, composé d'hommes qui, pour la plupart, gorgés des faveurs royales, ne comprennent rien à la grande voix de la nation.

Pour ces hommes, la réforme... véritable folie, la France n'en veut pas ; les réformistes... une poignée de factieux qu'il est facile de mettre à la raison. Mais l'on m'a dit que le peuple se plaint de mon gouvernement. Erreur, on trompe Sa Majesté, tout va pour le mieux, la France est unanime pour rendre hommage au mérite de son grand roi ; de toutes les bouches il ne sort que des paroles de louange pour le grand prince qui gouverne la France, et tous font des vœux pour la conservation de ces jours si précieux pour le bonheur et la prospérité de la nation. Tous, excepté cependant une faible minorité de cerveaux creux, d'esprits maladifs, d'hommes égarés par la fièvre du désordre, et qui pour cela sont plus à plaindre qu'à craindre.

N'avons-nous pas pour nous l'immense majorité de la chambre, qui est l'expression de la volonté nationale ? Puis il y a sous les murs de Paris une armée de 80,000 hommes, dévouée corps et âme à Sa Majesté, et qui peut, au premier signe, étouffer l'émeute, si toutefois il y avait émeute.

Si ce ne sont pas les paroles des courtisans, c'en est au moins l'expression; aussi Leurs Majestés, parfaitement rassurées sur les dangers présents et futurs, font annoncer qu'il y aura grand dîner, et le soir réception aux flambeaux ; mais ailleurs sont des hommes qui pensent tout le contraire et qui ne seront admis ni au dîner ni même à la réception aux flambeaux. Ces hommes ont compris que l'immoralité, la corruption, la lâcheté sont les seuls fruits de la politique suivie depuis bien des années et que condamne la justice comme la majorité de la nation.

Ces hommes ont compris que 200,000 électeurs ne représentent pas une nation de 36 millions d'habitants ; ces hommes ont compris que la représentation nationale ne représentait rien, sinon la cupidité, la majorité étant toujours escomptée d'avance sur les 160,000 emplois dont le ministère dispose.

C'est en présence d'un tel scandale que les députés de l'opposition se réunirent à tout ce que l'intelligence compte d'élite : industriels, commerçants, avocats, journalistes, tous ceux dont la peur ou la corruption n'avait point détrempé les âmes, furent unanimes pour proclamer la réforme électorale comme étant le seul remède capable d'arrêter, de paralyser, de guérir la corruption administrative et politique dont le progrès effrayant, aux yeux de tous les honnêtes gens, conduirait la société à des secousses violentes, à des déchirements affreux.

Des premiers ou des derniers, lesquels servaient le mieux la monarchie? Les uns voulaient arrêter les progrès du mal par des remèdes salutaires, tandis que les autres voulaient attendre que le venin fût monté jusqu'au cœur

Par moment le peuple est patient, puis il est des temps d'indifférence où l'excès seul du mal peut le tirer de son assoupissement; mais lorsqu'éclate son indignation, malheur aux obstacles qui s'opposent à son passage, toutes les digues sont rompues, il frappe au hasard de son bras redoutable tout ce qu'il croit être ennemi, et ne se retire que victorieux de la lutte. Mais souvent la victoire lui coûte cher. Ah ! que de meurtrissures, que de douloureuses blessures, quelquefois bien longues à guérir, il rapporte du combat !... Ce sont ces maux qu'il faut éviter : la gangrène n'est encore qu'à la surface, il ne faut pas attendre qu'elle ait pénétré jusqu'au cœur et aux entrailles du corps social, et il est temps qu'une salutaire agitation réveille l'esprit public; il est temps que les bons citoyens fassent entendre leur vœu et que la volonté nationale se manifeste publiquement; agitons le pays, il faut bien le réveiller pour qu'il puisse entendre et revendiquer ses droits.

Ce mot d'ordre a porté ses fruits, de toutes parts le pays se réveille, partout il demande la réforme électorale et parlementaire. La classe moyenne s'est déjà réunie dans cinquante villes importantes et a protesté hautement contre la marche du gouvernement; la grande majorité de la France croit une réforme nécessaire, ce qui n'empêche pas Louis-Philippe de prononcer dans le discours de la couronne cette phrase blessante pour la minorité de la chambre et pour la majorité du pays :

« Au milieu de l'agitation que fomentent des passions aveugles, une « conviction m'anime et me soutient, c'est que nous possédons le moyen « assuré de surmonter tous les obstacles et de satisfaire à tous les in-« térêts moraux et matériels de notre chère patrie. »

Ainsi le roi qu'enfantèrent les barricades de 1830 a complétement oublié son origine, il est tombé dans la faute commise par ses prédécesseurs. Les journées des 5 et 6 juin, du 10 avril 1834, des 12 et 13 mai 1839 ne l'ont point éclairé; c'est en vain que Fieschi, Alibaud, Meunier, Darmès, Lecomte et Henry tirent sur lui; il a vu dans toutes ces tentatives, non pas un avertissement de la Providence, mais une protection de Dieu. Il en est arrivé, dans son aveuglement, à lutter contre la grande majorité de la nation; appuyé sur les hommes de sa confiance, il lutte contre la réforme, raille les démonstrations des provinces, et a déclaré qu'il s'opposerait, fût-ce même par la force, au banquet réformiste qui devait avoir lieu aux Champs-Élysées le 22 février.

Et pour cela le gouvernement prenait les mesures qu'il croyait nécessaires; depuis quelques jours un grand mouvement de troupes se faisait autour de Paris; 30,000 hommes étaient casernés dans la ville, 40,000 étaient à ses portes, une forte garnison occupait Vincennes, une autre le mont Valérien, des renforts pouvaient arriver par les barrières de l'Etoile et du Trône; tous les corps de garde étaient fortifiés; des créneaux, ménagés dans l'épaisseur des murs et recouverts de plâtre, avaient été mis à jour; la royauté pouvait donc dormir tranquille. La branche aînée, disait-on, était tombée par surprise, les Bourbons de la branche cadette ont pris leurs précautions, l'émeute les trouvera préparés.

Pendant que la royauté prenait ainsi des mesures pour étouffer le mouvement réformiste dans sa marche progressive, les députés de l'opposition constitutionnelle font parvenir aux journaux une note dans laquelle ils annoncent la résolution qu'ils ont prise de s'abstenir de prendre part à la manifestation, afin de laisser au gouvernement la responsabilité de ses mesures; ils engagent les bons citoyens à suivre leur exemple.

Ces différentes résolutions circulent dans Paris et causent dans la soirée une grande agitation; de vives discussions s'établissent sur ce qu'ont fait les députés; les uns les louent de leur modération, les autres, au contraire, les blâment de n'avoir pas poussé la résistance au pouvoir jusqu'à la dernière extrémité; tout le monde prévoit pour le lendemain une journée orageuse.

En effet, dès les dix heures du matin, une population, cette population des émeutes si facile à reconnaître, descend des quartiers éloignés et se trouve exacte à ce rendez-vous que personne ne lui a donné. Au moment de l'ouverture de la séance, la place de la Concorde était pavée de têtes, et jusque dans le lointain on voyait s'agiter confusément un océan humain dont chaque flot, dont chaque vague était un frac noir ou une blouse bleue. A onze heures, toutes les têtes se retournent: ce sont les étudiants qui débouchent sur la place de la Concorde au chant de *la Marseillaise* et des *Girondins;* partout sur leur passage un mouvement s'opère dans la foule; tout ce qui porte la blouse et la casquette se sépare de l'habit pour se joindre aux étudiants. La colonne, ainsi renforcée, arrive sur le pont de la Concorde, qui est barré par une double rangée de baïonnettes; mais n'importe, l'élan est donné, les étudiants avancent toujours, bientôt le fer les touche, alors d'héroïques jeunes gens découvrent leur poitrine. Sur-le-champ, les fusils se relèvent et la colonne continue sa marche. Mais, en arrivant au Palais-Bourbon, un escadron du 8e dragons descend le quai d'Orsay au galop; mais arrivé sur la foule qui serre ses rangs, chaque dragon, d'une main, arrête son cheval, de l'autre remet son sabre au fourreau. Le peuple crie: *Vivent les dragons!...* les dragons saluent le peuple.

Mais, deux heures plus tard, cette foule est dispersée par les gardes municipaux qui la labourent, plusieurs personnes sont renversées, entre autres une pauvre vieille femme tombée pour ne plus se relever. C'est ainsi que cette foule fuyait exaspérée, puis revenait sur ses pas, ondulant gigantesquement sur elle-même, ainsi qu'un champ de blé sous la rafale de la tempête.

Sur le soir, les plus audacieux essayent les premières barricades dans les Champs-Élysées, la rue Saint-Honoré et la rue de Rivoli.

Mais bientôt ils comprennent qu'ils sont trop peu nombreux pour organiser la résistance; ils se retirent par les boulevards en enfonçant toutes les boutiques d'armuriers qu'ils trouvent sur leur passage, et vont se perdre dans les rues tortueuses des quartiers Saint-Denis et Saint-Martin, là ils retrouveront la rue Transnonain de tragique mémoire.

A la nuit tombante, Paris était silencieux et ses rues presque désertes, excepté le quartier des Tuileries, où se concentrent des forces considérables.

Le pont Royal est interdit à la circulation; à chaque coin de rue on voit reluire le fusil d'une sentinelle; toute la nuit les troupes ont bivaqué dans la boue. Au moment où le jour paraît, la pluie commence à tomber par torrents, ce qui fait dire à beaucoup de personnes: il n'y aura rien cette nuit.

CHAPITRE II.

Le 23, dans la matinée, l'on apprend que les hommes qui s'étaient retirés dans ce labyrinthe de rues, qui s'étend de la place des Victoires à la rue Saint-Louis, ont fait leur œuvre ; toute la nuit, ils ont travaillé dans la colère et dans l'ombre. Ce n'est que vers les onze heures du matin que l'on fait battre le rappel à la garde nationale, et à ce rappel on comprend que les événements prennent de la gravité, puisqu'on a recours à cette grande puissance qui, trois fois déjà, a fait pencher la victoire en faveur de la royauté ; mais cette fois, la monarchie craignait son intervention ; le gouvernement, qui connaissait son opposition puisqu'elle avait déjà fait retentir les cris de : *Vive la réforme!* dans la cour même du château, aurait désiré pouvoir se passer de son intervention ; ce qui explique le retard qu'on avait mis à faire appel à son patriotisme.

Le mépris que l'on semblait avoir eu d'elle la fit hésiter, mais bientôt elle comprit son devoir ; cette fois elle se fera intermédiaire entre les faubourgs et les Tuileries. C'est au cri de : *Vive la réforme!... A bas le ministère!* que s'avancent les premières légions. Partout elle barre le chemin aux hommes et aux chevaux ; halte-là ! on ne passe pas, nous sommes ici pour maintenir l'ordre, il faut que le sang cesse de couler : la troupe de ligne comprend aussitôt que c'est la nation entière qui lui parle par cette voix, elle met la crosse de ses fusils en l'air et se retire sans murmures.

Bientôt cette intervention de la garde nationale est connue au château. M. Guizot, en son nom et au nom de ses collègues, offre sa démission et les leurs, qui sont acceptées. Le bruit se répand que la royauté cédait, que la réforme était promise, et cette nouvelle se confirme. Bientôt, des officiers d'état-major parcourent la ville en jetant au galop la proclamation officielle : lorsque cette nouvelle arriva au faubourg Saint-Honoré, où je me trouvais, il était, je crois, vers quatre heures du soir. A l'instant même tout change d'aspect, la confiance reparaît sur tous les visages, les trottoirs se couvrent d'une foule joyeuse ; on s'interpelle et, sans se connaître, on se demande si cette nouvelle est bien vraie, et, sur la réponse affirmative, l'on paraît heureux comme si l'on venait d'échapper à un grand danger ; l'on se serre la main, puis on disparaît dans ce tourbillon de têtes qui battent les airs de leurs ailes tricolores. La nuit arrive, mais aux derniers rayons du jour avaient succédé des milliers de lumières étincelant aux fenêtres ; Paris était illuminé, non-seulement sur la ligne des boulevards, mais encore on voyait s'allumer dans leur profondeur ces rues transversales qui viennent y aboutir.

Ce n'est pas tout, les torches s'allument aux mains des hommes du peuple; des chandelles, placées aux canons des fusils, font, au-dessous des illuminations fixes, une illumination mouvante. Ce cordon de feu s'étend de la Madeleine à la Bastille, et, au milieu de cette fête, deux chants se font entendre, la *Marseillaise* et les *Girondins*.

Il faut avoir vu Paris dans ce moment de folle ivresse pour comprendre comment les heures s'écoulent; à chaque pas on rencontre un nouveau spectacle, le peuple, cet enfant aux mille têtes qu'un rien enflamme et qu'un rien apaise, se croit déjà victorieux; on lui a promis la réforme, et, sur cette simple promesse, sa colère s'est suspendue; la confiance lui est revenue, et de là ces bruyantes réjouissances qui font du boulevard une onde fantastique dont chaque vague est une nouvelle féerie.

A la vue de tant de merveilles, l'imagination exaltée abandonne pour un moment toute autre préoccupation. C'est ainsi qu'à dix heures je me trouvais sur le boulevard des Italiens sans trop savoir ni pourquoi ni comment. Depuis les deux heures de l'après-midi, j'abandonne ma destinée au caprice de ce flot délirant qui m'entraîne dans son flux et reflux, mais ici je veux gagner la plage; ailleurs on m'attend; encore une vague et je suis à la hauteur de la rue Richelieu, et bientôt à l'abri de l'orage dans la rade du faubourg Saint-Germain; mais dans ce moment une horrible détonation se fait entendre dans la direction de la Madeleine; alors tout change d'aspect, au bruit succède un moment d'affreux silence, l'anxiété est peinte sur tous les visages, tout le monde attend l'explication de cette fusillade qui arrive dans un long gémissement; personne n'a encore appris cet événement tragique et tout le monde l'a déjà deviné. Le torrent populaire est repoussé avec une telle impétuosité qu'il y a bientôt encombrement sur le boulevard des Italiens, et l'on entend déjà ces cris furibonds : *Aux armes!... Aux armes!... On égorge le peuple!.. On assassine nos frères!..., Aux armes!...* A ces premiers cris de vengeance, la foule s'éclaircit comme par enchantement; une terreur panique s'empare de tous les spectateurs craintifs qui disparaissent dans toutes les petites rues aboutissantes. Le tableau change, la féerie disparaît, la tragédie commence, des groupes se forment de tous côtés, la discussion s'enflamme, elle allume la colère, elle vomit la vengeance.

Partout ces mots furibonds retentissent dans les airs : *On nous assassine! On massacre le peuple!* cinquante sont morts, plus loin c'est déjà soixante; ainsi grossit de bouche en bouche ce massacre populaire commis par des hommes armés sur une masse d'hommes sans armes, sur une foule de femmes et d'enfants.

Et un officier vint pour donner des explications chez Tortoni, comme s'il y avait quelque chose au monde capable de justifier cette fusillade sans avertissement. C'est le cœur navré d'une profonde douleur que je remonte le boulevard jusqu'à la rue Richelieu; mais avant d'y pénétrer, je me retourne pour jeter un dernier coup d'œil sur ce large fleuve humain qui, dans ses vagues frémissantes, semble rouler des flots de feu.

Un bruit sourd se fait entendre semblable à celui d'un tonnerre lointain, peu à peu il devient plus distinct, et bientôt on aperçoit des gerbes de feu, et au milieu on distingue un char, mais c'est le char de Jupiter, car il porte la foudre. A son approche, les fenêtres s'éteignent, les boutiques se ferment, partout sur son passage il jette la terreur ; éclairé par de nombreuses torches, qui laissent sur sa trace un sillage de feu qui éclaire des pavés rougis de sang, le char funèbre fait une station à chaque instant, puis continue sa marche à pas lents, afin que le peuple puisse bien s'enivrer de vengeance à cet horrible spectacle.

De temps en temps un homme monte sur le char, soulève le cadavre d'une femme qui a la poitrine traversée d'une balle ; puis, lorsque les torches ont éclairé cette scène de désolation, il lache le cadavre qui retombe sur son lit de mort.

Dix-sept cadavres sont entassés dans la funèbre voiture. Partout, sur le passage du sombre convoi, on entend retentir le cri de : *Aux armes !... Aux armes !... On assassine vos frères !... Vengeance !...*

A cet appel à la vengeance, des hommes arrivent on ne sait d'où ; ce ne sont plus de joyeux spectateurs, mais de terribles vengeurs à l'œil courroucé, la figure sinistre, le geste convulsif ; on les voit s'agiter dans l'ombre, et, semblable à une avalanche, se grossir en roulant. En les voyant se multiplier ainsi, on dirait que la terre les vomit, et l'on se demande s'ils sont bien de ce monde ou si ce sont les anges exterminateurs qui, à la fin des temps, doivent moissonner le monde.

Paris, comme Sodome, doit-il périr ? Un Dieu vengeur va-t-il pour jamais l'anéantir ? L'heure de son trépas a-t-elle sonné ?

Non ! non ! l'arbitre de la destinée des nations n'en a point décidé ainsi. Notre belle cité ne doit point finir encore ; mais elle est souffrante depuis longtemps, elle languit sous un régime qui l'énerve et qui la conduirait infailliblement à sa perte ; toujours elle attendait des améliorations ; mais de jour en jour son mal empire, elle vient de voir l'abîme où on veut l'entraîner, et l'instinct de sa conservation la décide à rompre avec le passé pour entrer dans une voie nouvelle qui doit être celle du progrès et de la régénération sociale.

La cure sera peut-être longue et douloureuse, mais elle en sortira purifiée des souillures dont on l'a infectée, et, rendue à sa dignité primitive, elle restera ce qu'elle doit être : la reine des cités.

Mais pour le cœur des honnêtes citoyens, il est bien pénible que l'on ne puisse, sans de si grands sacrifices, rendre à notre glorieuse patrie la place qui lui appartient dans le monde.

Si les hommes qui l'ont avilie, écoutant la voix de la nation dont ils ne sont que les mandataires, avaient répondu à ces vœux, en sortant de leurs funestes doctrines, auraient-ils donc perdu de leur puissance ? Non, ils auraient au contraire puisé, dans cet appel à la nation, la force qui leur manquait. Quel est donc le plus beau titre d'un roi si ce n'est l'amour de ses sujets ?

Eh ! quel attachement, je vous le demande, pouvez-vous donc attendre d'un peuple dont vous méprisez l'immense majorité ?

Vous voulez vous retrancher derrière les lois, croyez-vous donc que le peuple respectera des lois à la formation desquelles il n'a eu aucune participation.

Pour vous, la France est dans la majorité de la chambre des députés, qui est nommée par environ 200,000 électeurs, et, dans ces deux 200,000 électeurs, il y en a plus d'un tiers qui appartiennent à l'opposition, l'autre tiers, qui fait votre majorité, vous l'achetez et vous dites : « La nation le veut ainsi. » Mais ne parlez donc pas au nom de la nation, mais seulement de cette coterie que vous représentez. La nation, c'est cette masse de dix millions de citoyens qui, bien que payant l'impôt de leurs deniers et de leur sang, ne jouissent d'aucun droit politique ; et vous dites : « Il y a des minorités factieuses, des utopistes, des fauteurs d'anarchie. » Eh bien ! ces minorités vous renverseront, et la grande majorité nationale laissera faire, elle applaudira même. Vous l'avez repoussée, elle vous punira de la peine du talion.

Le sort en est jeté, les premières victimes sont tombées, la France se régénérera par le sang de ses enfants. Ce char funèbre va servir de ralliement à ces hommes redoutables dont la divine providence se sert dans ses décrets impénétrables pour changer la destinée des nations.

Ils font une station devant les bureaux du *National*, ils savent que là est un détachement de l'état-major des barricades, ils vont y recevoir le mot d'ordre ; mais je regagne le faubourg Saint-Germain où je suis attendu. Il y a une heure, je n'avais qu'une promesse à tenir, maintenant j'ai un devoir à remplir.

———

CHAPITRE III.

Onze heures du soir sonnaient à l'horloge de Saint-Thomas-d'Aquin, lorsque je frappai à la porte du n° 73 de la rue de Grenelle-Saint-Germain, où devait m'attendre M. *Fleury*, mon ami intime.

Nous avions passé une grande partie de la journée ensemble ; mais mon ami, obligé de rentrer chez lui pour des affaires d'urgence, m'avait quitté dans le faubourg Saint-Honoré, au moment où se confirmait la nouvelle de la dissolution du ministère.

Cette simple promesse de réforme avait suffi pour calmer l'agitation dans une partie du peuple ; mais l'on savait aussi qu'une autre partie ne se tiendrait pas pour satisfaite de ces promesses de réforme arrachées à un moment de frayeur et dont on l'avait déjà tant de fois abusée : dans ces dispositions, chacun s'attendait à une nuit décisive. C'est sous ces différentes préoccupations que j'avais quitté mon ami, en lui promettant que, si toutefois les événements prenaient de la gravité, je me trouverais chez lui à dix heures et demie du soir, au plus tard, pour l'accompagner rue Saint-Denis, où demeurait sa fiancée et où sa présence était indispensable, comme on le verra plus tard. Il était onze heures ; j'étais donc en retard d'une demi-heure ; mais je supposais mon ami peu inquiet, pensant qu'il ignorait encore les événements qui venaient de s'accomplir sur le boulevard des Capucines. Aussi ma surprise fut-elle grande lorsqu'en arrivant chez lui je le trouvai prêt à partir, et qu'il m'apprit que depuis une demi-heure il connaissait déjà la terrifiante nouvelle. Il y a une demi-heure qu'il connaît cette nouvelle, que je croyais apporter l'un des premiers dans le faubourg Saint-Germain, arrivant directement du théâtre de l'action. Sitôt commis, l'attentat fut donc connu de la cité tout entière. Quelle puissance magique fait donc circuler cette nouvelle avec tant de rapidité ? Le génie des révolutions a-t-il donc à sa disposition des messagers aériens ? Et ces lambeaux criblés de balles ou rougis de sang qu'on promène de tous côtés pour appeler la population aux armes en semant la vengeance partout où ils passent, ne sont-ils pas les avant-coureurs d'un soudain bouleversement ? Ce n'est plus une émeute, c'est une révolution ; ce n'est plus un *changement de ministère*, c'est un changement de régime, c'est un duel entre le peuple et la monarchie, un combat *corps à corps* entre la République et la royauté. L'orage est dans les airs, il n'attend que le moment d'éclater.

L'on ne rencontre plus dans les quartiers aux larges rues de ces hommes que dans la journée on a vus paraître et disparaître semblables à ces premiers éclairs, précurseurs du tonnerre ; ils ont tous disparu dans ce labyrinthe de rues étroites et tortueuses aux maisons noirâtres et fumeuses.

Là ils auront plus de partisans, parce que la misère y est plus grande ; de chaque porte sortiront des défenseurs ; chaque maison sera une forteresse ; ils travailleront toute la nuit, et les premiers rayons du jour trouveront leur champ de bataille organisé, parce que ces hommes n'ont vu dans ce changement de ministère, dans ces promesses de réforme qu'un nouveau stratagème de la royauté, semblable au peuplier que fait plier l'impétuosité du vent, et qui, l'ouragan passé, se redresse majestueusement, orgueilleux d'avoir résisté à la tempête.

Ce changement de ministère pouvait être pour ces hommes plus qu'un stupéfactif : ce pouvait être pour eux une défaite ; ils voyaient s'évanouir leurs chances de succès dans ces réjouissances, dans ces ovations auxquelles prenait part cette immense partie de la population aux mœurs calmes et paisibles, qui passe si vite de la colère d'un moment au perpétuel besoin de croire, au continuel besoin d'aimer.

Les choses en étaient là, lorsque, sur le boulevard des Capucines, s'accomplissait un de ces événements qui changent la destinée des peuples, et dont l'œil de Dieu seul peut sonder la profondeur. Dès lors, il devenait certain qu'on ne se contenterait pas de la conquête de M. Thiers ou de M. Molé, pas même de celle de M. Barrot. Le vaisseau de la timide opposition monarchique a sombré : il n'était que le prétexte ; les fins sont le *National*, la *Réforme*, les sociétés secrètes ; et ceux-là sauront bien réunir sous leur bannière toute la milice des barricades.

Il y a d'abord à Paris les citoyens qui se battent pour leurs idées politiques et qui savent ce qu'ils font ; il y a ensuite les hommes qui sont en lutte permanente avec la société et la justice, et qui, pour cela, sont de toutes les émeutes, parce que, pour eux, l'émeute c'est le désordre, le brigandage sous toutes ses formes, avec tous ses excès ; gens méprisables, écume de la société que les premiers ne souffrent à côté d'eux que faute seulement de les connaître, et qui les repoussent du pied dans la défaite comme après la victoire.

Il y a encore une autre classe d'honnêtes citoyens qui n'en veulent à personne, qui s'occupent même peu de politique, mais qui ont la manie d'aimer à faire des barricades et tirer des coups de fusil ; demandez-leur pourquoi ils se battent ; ils n'en savent rien, ou plutôt ils se battent parce qu'on se bat ; ils vont derrière les barricades parce qu'il y a des barricades, et ils trinqueraient même très-volontiers avec ce même soldat qu'ils couchent en joue.

A cette dernière classe il faut ajouter celle du gamin, qui en est la filiation directe et héréditaire, et ceux-là ne sont ni les moins nombreux, ni les moins turbulents ; avant-garde de l'émeute, on les voit le plus souvent, affublés d'un costume des plus grotesques, rire et plaisanter en sautillant sous la mitraille. Tels sont les principaux éléments qui entrent dans la composition de l'armée des barricades, et, ainsi composée, cette armée va lutter contre une autre armée d'une organisation formidable et composée des meilleurs soldats du monde. La lutte n'est pas égale ; mais entre ces deux armées, il en est une troisième qui fera toujours pencher la victoire de son côté ; intermédiaire naturelle et légale, elle seule peut avoir raison, parce que son intérêt est celui de la nation : ce qui fait que son intervention réunira toujours sous la même bannière tous les enfants de la patrie. Il n'y aura de parias que le petit nombre de ceux qui veulent attenter à la vie sociale de la grande famille.

La garde nationale est la puissance supérieure qui peut seule, par sa force morale, arrêter ou faire une révolution, parce qu'elle sait ce que les révolutions coûtent, elle sait ce que les promesses valent, elle sait qu'il y a à Paris dix mille hommes qui ne cherchent que le désordre, elle sait qu'il y en a vingt mille qui sont d'honnêtes citoyens, mais que des minorités factieuses peuvent facilement entraîner ; elle sait qu'il y a des ambitieux et des utopistes, elle connaît sa mission ; gardienne fidèle des intérêts de la société, qui sont aussi les siens, elle saura toujours remplir ses devoirs en repoussant l'émeute, lorsque l'émeute sera contraire aux intérêts du pays ; elle est l'ancre de salut du vaisseau gouvernemental, la pierre fondamentale de l'édifice social.

La troupe, cette autre puissance sur laquelle s'appuient les despotes pour asservir les peuples, n'est en France que la sœur de la garde nationale, et ces deux sœurs, qu'un même sang unit tendrement, ayant à soutenir les intérêts de leurs familles, se sont distribué les rôles; l'une a dit : Moi, je soutiendrai l'honneur de la famille au dehors. Qu'un étranger soit assez téméraire pour oser mettre en ennemi le pied sur notre territoire; qu'il ose méconnaître nos droits, ou qu'il cherche à souiller le grand nom que nous portons, tu verras, sœur, comme je le refoulerai honteux dans ses limites, et lui apprendrai à respecter les droits et le nom de la France !

Va ! sœur bien-aimée, lui dit l'autre, s'il est nécessaire, mon appui ne te manquera pas; moi, je me charge de l'intérieur; ma tâche aussi sera quelquefois difficile : des régisseurs qu'il faut surveiller, des frères à l'esprit turbulent, à la tête exaltée, ou que de perfides conseils porteront à troubler le repos de la famille par des actes d'injuste rébellion qu'il faudra réprimer. Mais, je le sais, au moment du danger tu seras à mes côtés, nous agirons ensemble : nos intérêts et nos devoirs sont les mêmes.

C'est ainsi que j'ai toujours considéré ces deux grandes puissances : la garde nationale, composée d'hommes établis, de pères de famille, dont l'immense majorité subsiste par son travail ou son industrie, doit désirer et désire l'ordre public, sans lequel il ne peut y avoir de confiance dans les affaires; et sans confiance, le commerce, cette clef de l'industrie, se trouve paralysé. L'on ne doit pas craindre que la garde nationale protége l'émeute sans nécessité; la troupe le comprend parfaitement; c'est son pavillon-amiral, elle attend d'elle le mot d'ordre; si elle lui dit : Ce sont des anarchistes, des fauteurs de désordre, qui n'ont d'autre mobile que celui de la destruction, il est de notre devoir, de notre intérêt de réprimer leurs attentats criminels; si elle lui parle ainsi, son concours lui est assuré, et la révolution deviendra impossible, parce qu'elle sera toujours étouffée dans son germe. Mais si elle lui dit : Ces hommes, qui ne sont que nos mandataires, méconnaissent nos droits, négligent nos intérêts, gaspillent notre fortune, compromettent notre dignité nationale, nous leur avons dit : Vos principes d'administration sont dangereux, la route que vous suivez aboutit à un précipice, la majorité de la nation l'a compris, elle s'est éloignée de vous, il ne vous reste d'autre escorte que celle d'une minorité d'ambitieux qui ne suit votre char que parce qu'il porte les faveurs; pour vous ils sont dangereux, c'est le rideau qui vous voile les yeux, détournez-le, et vous verrez bientôt, à la lumière, la majorité de la nation qui est restée en arrière; rapprochez-vous d'elle avant que son indignation éclate, car alors de son char elle vous renversera. Mais à nos justes plaintes qu'ont-ils répondu? Qu'il nous était défendu de protester; qu'ils s'opposeraient à nos manifestations, dussent-ils avoir même recours à la force; mais cette force qui fait toute son arrogance, sœur, c'est toi, fille de la nation, servante d'un roi !... D'un côté tu as une mère, de l'autre un tyran; là sont de pompeux maîtres qui abusent de leur pouvoir, là sont des frères qui ne veulent que revendiquer leurs droits : choisis !...

Elle a fait son choix en prouvant une fois de plus qu'une nation, quand elle le veut, se fait obéir, et que dans un pays éclairé il ne peut exister de gouvernement durable qu'un gouvernement consenti par la majorité des citoyens, non par une majorité factice, mais par une majorité vraiment nationale.

Le gouvernement comptait sur la troupe, qu'il croyait hostile à la bourgeoisie. Le 23 février, il s'est aperçu qu'il se trompait : c'est alors qu'il a promis la réforme; mais il était trop tard : ce qui peut-être eût suffi la veille encore, n'était déjà plus suffisant le lendemain.

Après la scène qui venait de s'accomplir sur le boulevard des Capucines, il devenait certain pour tous ceux qui remarquaient l'effet qu'elle avait produit sur l'opinion publique; il devenait certain, disons-nous, qu'il y aurait une bataille le lendemain.

Les événements me paraissaient être très-graves; donc je revins à mon ami, qui m'attendait depuis une demi-heure.

CHAPITRE IV.

Marguerite Simer était une jeune fille d'une remarquable beauté, mais dire qu'elle était grande et belle, qu'elle avait une chevelure noire et riche, des grands yeux bleus pleins d'animation; dire encore qu'elle réunissait aux agréments de la figure ceux bien plus précieux de l'esprit et de la vertu, ne suffirait peut-être pas pour faire comprendre la nécessité qu'il y avait pour mon ami d'aller passer la nuit chez elle; mais quelques mots suffiront pour en expliquer les motifs.

Marguerite Simer était la fille d'un ancien officier qui avait fait partie de cette phalange de braves commandés par Michel Ney, licenciée en 1815 comme ayant appartenu à ces courageux débris, qualifiés de brigands de la Loire par les ultrà de la restauration. Il s'était d'abord retiré dans les environs de Metz, son pays natal, ne se voyant d'autre perspective que les rudes travaux des champs en récompense des vingt années de sa jeunesse consacrées au service de la patrie.

Heureusement il avait un protecteur qui lui préparait une meilleure position. Le général de brigade C..., son ancien colonel, auquel il avait sauvé la vie à la retraite de Moscow, n'avait pas oublié son libérateur. Rentré, mais sans fortune, dans la vie civile, un homme puissant et libéral venait de réparer l'injustice du gouvernement en procurant une place lucrative et honorable au brave général qui avait été le compagnon et l'ami de Marceau, Kléber et Desaix, intègre et désintéressé comme on l'était alors, car la conquête du monde n'avait pas encore corrompu les caractères : il n'avait pensé qu'à la gloire de la patrie sans s'occuper de sa fortune particulière.

Mais, en 1816, les grands citoyens qui avaient versé leur sang sur les champs de bataille de l'Europe pour l'honneur et la gloire de la patrie avaient bien peu à attendre des hommes qui avaient voté la mort du maréchal Ney. Il n'y avait de faveur que pour les renégats qui avaient porté les armes contre leur patrie, et qui s'étaient mis à la tête des sicaires de l'autocrate, afin de mieux pouvoir leur indiquer les endroits sensibles par où ils devaient attaquer cette mère qu'ils connaissaient dans toutes ses parties ; cette mère dont ils avaient sucé le lait.

Le grand citoyen qui avait soldé la rançon de Paris, le grand citoyen qui employait sa fortune en patriotisme, et dont chaque jour de la vie était marqué par un nouveau bienfait ; le grand citoyen que la France a eu la douleur de perdre il y a quelques années, en procurant au général un emploi civil plus en rapport avec sa position précédente, accomplissait un acte de patriotisme.

Le général, en possession de son nouvel emploi, demanda bientôt M. Simer à Paris, où il le plaça convenablement sous sa direction. C'est quelques années plus tard que M. Simer contracta un mariage avec la veuve d'un officier de la garde impériale mort au champ d'honneur, et, de cette union, naquit Marguerite, qui est actuellement la fiancée de mon ami, et dont je vais entretenir le lecteur.

Marguerite avait eu le malheur de perdre sa mère dès l'âge de dix ans ; de ce moment, le vieux soldat mit toutes ses affections dans sa fille chérie ; bien l'élever, tels furent les soins de ce tendre père, qui n'épargna aucun sacrifice pour lui donner une bonne éducation. Pendant six ans, c'est-à-dire jusqu'à l'âge de seize ans, la jeune fille fréquenta les meilleures écoles ; elle en sortit l'une des plus savantes, si on en juge du moins aux nombreuses couronnes qu'elle remporta, et qui faisaient l'orgueil et la joie de son vieux père, qui se trouvait ainsi récompensé des privations qu'il s'était imposées pour cette chère enfant, dont l'avenir était ce qui le préoccupait le plus au monde. Homme d'une opinion libérale, d'un caractère indépendant, M. Simer, qui avait pris part à la glorieuse révolution de Juillet, avait, par ses états de services, le droit comme tant d'autres de réclamer contre l'injustice des premiers Bourbons ; plusieurs de ses amis le lui conseillèrent, mais il ne le voulut pas, car il appartenait à ce parti qui ne croyait pas avoir renversé les Bourbons de la branche aînée au profit de la branche cadette, et ne voulait rien tenir de ce pouvoir bâtard qui, par de trompeuses promesses, n'avait fait de la révolution qu'une chose illusoire pour le peuple, lucrative pour lui seulement.

Ce roi-citoyen, qui voulait s'entourer d'institutions républicaines, loin de chercher à retremper sa faiblesse dans l'élément populaire, concentrait tous ses efforts en un complot permanent contre la liberté, en attentat hypocrite contre la morale.

Sorti de la révolution, il mentait à tous ses principes en déviant de toutes les conditions qu'elle avait imposées.

Le père de Marguerite avait une si honorable manière d'envisager les choses de ce monde, il parlait de l'humanité et de sa destinée future avec tant d'enthousiasme, pour flétrir en termes brûlants que lui dictait son patriotisme ceux qui ont fait tourner au profit d'un système politique hypocrite, corrupteur et corrompu, ce grand mouvement de force et d'ardeur nationale, de patriotisme pur et dévoué de la grande révolution de Juillet.

Le vieux soldat fréquentait peu de monde, excepté quelques anciens amis qui partageaient ses opinions politiques ; à défaut de ceux-là, chaque soir, après la lecture du journal, il s'entretenait un moment de politique avec sa fille, c'est-à-dire qu'il lui parlait à peu près comme si c'eût été à un fils. Quelquefois aussi il l'entretenait de sa vie de soldat ; à ces glorieux souvenirs, son front se déridait, mais lorsqu'il parlait de cette malheureuse campagne de Russie, où le brave de la Moskowa fit des prodiges de valeur ; en faisant l'éloge de cette noble et héroïque figure bien digne des héros de l'antiquité, et qui mourut assassiné, condamné par l'ordre des étrangers si souvent vaincus par lui, une larme d'indignation descendait sur ses joues amaigries et creusées par des rides profondes ; car s'il n'avait pas d'enthousiasme pour les derniers Bourbons, il n'avait pas non plus de louanges pour les premiers.

C'est par ces entretiens de chaque soir que le vieux soldat avait allumé dans le cœur de la jeune fille, non pas de la haine — son âme était trop grande, ses sentiments trop élevés, son cœur trop généreux, — mais cet amour de la patrie sincère, pur, désintéressé, qui, en la rendant esclave de sa dignité nationale, la portait nécessairement à mépriser les hommes qui attentaient à sa liberté, à sa gloire, à son honneur.

Elle avait horreur de la tyrannie ; la lâcheté, l'égoïsme, la cupidité l'indignaient ; en lisant les journaux de l'époque, dont chaque numéro apportait la révélation de quelque nouvelle corruption sociale, elle s'étonnait de ce que les honnêtes gens ne se réunissaient pas pour protester avec énergie contre les tendances de ce système politique qui, en s'adressant de préférence aux cordes basses du cœur humain, encourageaient ainsi nécessairement le désordre moral par cet appel aux passions basses et cupides contre les passions nobles et généreuses.

Pourquoi, s'écriait-elle quelquefois avec une sainte indignation, pourquoi, à l'exemple du Christ, ne chasse-t-on pas ces vendeurs du temple ? Si les juifs faisaient publiquement de la maison de Dieu une taverne de voleurs, les gouvernements qui se livrent publiquement au trafic des consciences sont-ils donc moins coupables ? La conscience est la plus noble des facultés de l'âme ; c'est elle qui fait de l'homme un être moral supérieur à toutes les autres créatures, c'est la source qui alimente toutes les vertus, c'est encore elle qui fut donnée par Dieu à l'homme pour guide dans le chemin de la vie.

Tu as une conscience qui t'avertira du bien et du mal, tu choisiras.

Mais dans son choix il peut quelquefois se tromper, prendre le mal pour le bien ; tous les hommes ne sont pas doués de la même intelligence, beaucoup même ne comprennent pas les principaux devoirs que la société impose à chacun des membres qui la composent ; d'autres, et ce sont ses ennemis les plus dangereux, parce qu'ils font le mal tout en connaissant le bien, d'autres, disons-nous, quoique quelquefois doués d'une haute intelligence, d'une capacité transcendante, se sont déclarés en guerre ouverte contre la société. C'est pour faire comprendre aux uns et respecter aux autres ces devoirs qu'il y a des gouvernements. En effet, si tous les hommes comprenaient leurs devoirs, et s'ils les remplissaient selon le précepte évangélique, un gouvernement deviendrait une chose parfaitement inutile.

Mais comme le genre humain est sorti des mains du Créateur avec une nature qui porte les germes du bien et du mal, la société, qui est fondée sur le bien, a pour ennemi le mal ; et c'est pour combattre cet ennemi qu'il y a un gouvernement qui n'est autre qu'un mandataire de la nation, et sa mission principale est de veiller au salut de la société : son devoir est non-seulement de réprimer le mal, il doit s'attacher encore à le prévenir, autant que possible, en attaquant les principes vicieux qui le produisent, au détriment des principes généreux qu'il doit encourager de toute sa force morale, en donnant l'exemple d'une probité sévère et du dévouement à la chose publique.

Il faut nécessairement qu'il se pénètre bien de cette grande vérité : Que c'est la morale qui fait la force, la grandeur, l'ordre matériel, sans lesquels une société ne peut se maintenir à l'état de pays civilisé.

Si on veut rendre vertueux les peuples, c'est à ceux qui les gouvernent de leur donner l'exemple des vertus en les pratiquant eux-mêmes. Faire le contraire est non-seulement une faute, mais un crime de lèse-humanité.

Si donc le gouvernement fait appel à la cupidité en s'efforçant de corrompre les consciences, n'encourage-t-il pas cet égoïsme qui corrompt les cœurs, étouffe la vertu, et, en un mot, tous les sentiments généreux dont l'humanité s'honore.

Un gouvernement qui cherche ainsi à démoraliser et à corrompre la société est évidemment ou *incapable* ou *coupable*.

Dans l'une ou l'autre de ces deux hypothèses, la partie saine de la société a le droit, c'est même son devoir, de protester avec énergie, d'user de tous les moyens qui restent à sa disposition afin d'arrêter le désordre moral avant qu'il ait fait descendre la société à tous les excès de corruption dont parle le grand apôtre.

De bonne foi, si ceci n'est pas clair, il n'y a plus rien qui le soit au monde.

C'est ainsi que dans son enthousiasme pour le bien, la jeune fille s'exagérait peut-être le mal ; et comment en aurait-il été autrement ?

Dieu n'avait-il pas placé dans son cœur le germe des plus nobles vertus? Son éducation n'avait contribué qu'à faciliter leur développement
et à les faire grandir.

L'enfant chérie d'une mère vertueuse qui, en guidant ses premiers
pas dans la vie, s'attachait à lui inspirer l'amour de Dieu et de son
prochain.

Adolescente, elle avait puisé ses principes de morale aux sources sa-
crées de l'Evangile. Grande fille, l'amour de la patrie avait pris place
dans son cœur à côté de celui de Dieu, parce que, pour elle, à l'amour
de la patrie se rattachait celui de l'humanité. Elle faisait des vœux
pour l'amélioration des classes pauvres; elle savait bien qu'on ne pouvait enrichir chaque prolétaire, la terre n'aurait pas assez de productions, mais on pouvait du moins, disait-elle, le secourir d'une manière
plus efficace en organisant la charité, non cette charité qui humilie
celui à qui on la fait et qui, trop souvent, gonfle d'orgueil celui qui la
fait; mais par une assistance fraternelle à laquelle le gouvernement
rattacherait toutes ces âmes généreuses que Dieu semble n'avoir placées
sur la terre que pour consoler ceux qui souffrent. Ces nobles créatures, dont la vie n'est qu'une longue suite de dévouement, auraient
pour mission de rechercher toutes les misères et les causes qui les ont
produites; c'est elles qui seraient les génies bienfaisants qui porteraient
la joie, l'espérance et la consolation dans la mansarde où grelotte sur
sa couche de paille la jeune et nombreuse famille du prolétaire.

Elle encouragerait et récompenserait la vertu, et rallumerait ainsi les
feux divins de la sainte morale dans les cœurs aigris par la douleur ou
égarés par de funestes doctrines.

C'est ainsi que Marguerite cherchait, dans les versets sublimes de
l'Evangile, le modèle du gouvernement qu'elle désirait, et chaque jour
elle voyait, dans les colonnes démocratiques des journaux de l'opposition, l'amère critique de celui qu'elle subissait.

Tout dans ce jeune et noble cœur ne respirait que le plus parfait dévouement. Son vieux père, qui était souffrant depuis plusieurs mois,
perdit la vue subitement par suite d'une attaque de la goutte sereine; de
ce moment à celui de sa mort, qui arriva dix-huit mois plus tard, elle
l'entoura de tous les plus tendres soins que puisse inspirer la piété filiale.
C'est en bénissant le ciel de lui avoir donné un si vertueux enfant que
l'honnête vieillard s'éteignit dans ses bras comme un feu pur qui ne
trouve plus d'aliments.

En rendant le dernier soupir, il prononça ces dernières paroles:
« Mon Dieu, protége-la et maintiens-la dans sa généreuse nature. »

Monsieur Simer réunissait les vertus les plus contraires: à l'énergique
loyauté du vieux soldat, à l'indomptable fermeté du caractère, se mê-
laient une bonté exquise, une inaltérable douceur. Depuis 1840, que
j'étais en relation d'amitié avec lui, j'avais pu aussi apprécier le mérite
de la vertueuse jeune fille qui, plus tard, allait devenir la compagne de
mon plus intime ami, qui était un jeune homme de 27 à 28 ans, fils
unique d'un riche négociant des environs d'Amiens. La loyauté de son

caractère, la justesse de son esprit, la générosité de son cœur, le rendaient cher à tous ses amis ; avec un esprit solide et profondément cultivé ; c'était la noble pureté de l'âme qui, chez lui, dirigeait toujours l'intelligence. Ayant fait connaissance de Marguerite dans des circonstances qu'il serait inutile de rapporter ici, il eut bientôt pour elle la plus vive amitié.

Ces deux nobles cœurs, animés des mêmes sentiments, étaient bien faits pour se comprendre et pour s'aimer ; mais des obstacles s'opposaient à leur union, c'est-à-dire à la réalisation de leur bonheur, au plus cher de leurs vœux. Le père de Fleury, qui avait en réserve pour son fils une riche héritière de Picardie, se refusait d'abord à consentir à ce qu'il croyait être une folie de jeune homme ; mais, à force d'instances et de prières, l'amour paternel s'était éveillé. Echauffé par l'ardeur des plus tendres caresses filiales, ce bon père, qui d'ailleurs n'avait d'autre désir que le bonheur de son cher fils, consentit à se rendre à Paris, afin de prendre par lui-même les informations qu'il croyait nécessaires. Il dut être satisfait.

Le mérite et les vertus de la jeune fille étaient proverbials dans le quartier Saint-Remy. Aussi, la vertu sera récompensée et les dernières paroles d'un mourant exaucées. L'orpheline retrouvera une nouvelle famille ; les fiançailles auront lieu dans le courant du mois de mars ; mais le 22 février arrive, on commence à faire des barricades dans le quartier de Marguerite. Alors elle se souvient qu'elle est fille d'un vieux soldat, elle se souvient que son père a fait des barricades en 1830, et que sa mère a suivi la grande armée ; un esprit inconnu l'agite, l'exalte ; elle croit entendre sonner l'heure de la régénération sociale qu'elle avait rêvée. Fleury, qui arrive chez elle dans ce moment de patriotique exaltation, la trouve occupée à faire un drapeau. Que pense-t-elle faire ainsi ? Elle veut arborer son drapeau sur une barricade : Je les encouragerai, dit-elle ; la voix d'une femme est si puissante dans ces moments-là.

Il est facile de comprendre les raisons qu'il y avait pour mon ami de ne pas s'éloigner de sa fiancée avant de connaître quel serait e résultat de la manifestation qui se préparait.

Le 22, il y eut peu de chose ; le 23 la réforme fut promise ; le mouvement s'était calmé ; l'on croyait assez généralement l'émeute finie. Monsieur Fleury, qui m'avait appris dans la journée les dispositions d'esprit dans lesquelles se trouvait sa fiancée, m'avait aussi fait connaître son intention d'y aller passer la nuit du 23, si toutefois les événements prenaient de la gravité ; je lui avais promis de l'accompagner, et c'est pour tenir cette promesse que je devais me trouver le soir chez lui à dix heures et demie.

CHAPITRE V.

Le 25, à onze heures du soir, il était bien certain pour moi que les événements devenaient très-graves; la circulation allait devenir difficile, impossible peut-être, si l'on considère que, pour nous rendre dans la rue Saint-Denis, nous avions à traverser l'une des parties les plus populeuses de Paris. Sans perdre aucun temps, nous fûmes jusqu'au pont Royal sans rencontrer le moindre obstacle. Le centre de la vieille aristocratie, cette partie du faubourg Saint-Germain qui s'étend de la rue du Bac aux Invalides, était morne et silencieuse; elle ne dormait pas, mais elle écoutait, elle se rappelait, elle désirait et priait : elle écoutait, dans l'ombre et le silence, les mugissements furibonds d'une lointaine tempête; elle se rappelait que, dix-huit ans plus tôt, les éléments populaires présentaient les mêmes pronostics; comme aujourd'hui la foudre grondait, l'orage était dans les airs; la nuit, il éclata avec une telle violence, le flot populaire monta si rapidement, qu'il déborda bientôt, en jetant la consternation dans le noble faubourg. Peu à peu le calme s'était rétabli, le fleuve était rentré dans son lit; mais ô fatalité! le vaisseau monarchique avait disparu, ses câbles n'avaient pu résister à la tempête, le courant l'avait emporté vers de lointains parages, et à sa place était restée la jonque d'un audacieux pirate.

Mais les fils des croisés ont toujours conservé l'espérance qu'un orage semblable le ramènerait au port de Saint-Louis où est sa place légitime; c'est pourquoi ils désiraient la révolution, parce qu'ils espéraient que, si dans ses premières vagues elle ne ramenait leur pavillon au port, elle pourrait du moins en faciliter l'entrée en chassant celui qui en gardait les abords.

Aussi, pendant que les nobles châtelaines priaient le Dieu de leurs ancêtres d'exaucer leurs vœux, les descendants des héros de Palestine, les nobles fils de l'antique manoirie, ne craignaient pas de compromettre la dignité de leur race en allant dans la rue grossir le flot populaire. Ce jour-là, se souvenaient-ils donc de cette vieille devise de leurs pères : « Aide-toi, le ciel t'aidera! » Leurs pères aussi ont défait plus d'une fois les ennemis de cette noble terre gauloise aux cris de : *France! France!* Veulent-ils, comme leurs ancêtres, combattre les ennemis de la patrie? S'il en est ainsi, qu'ils répètent donc ces mots sacrés : *France! France! Tout pour et par la France!* et de toutes parts jailliront d'innombrables colonnes de défenseurs. Mais s'ils veulent être les disciples de la nouvelle loi, comme bien longtemps leurs pères le furent de la vieille, une chose leur est indispensable, c'est de comprendre cette grande maxime :

« Aide-toi et Dieu t'aidera ! » C'est pour ne pas l'avoir comprise que leurs pères sont tombés du haut de leur puissance.

Ils avaient pour mission de gouverner le peuple dans son enfance ; ont-ils rempli ce devoir comme c'était leur obligation ?

Je n'ai point à le rechercher, mais il m'est permis de le croire, parce que celui de qui ils tenaient leurs pouvoirs, et qui est le juste par excellence, ne pouvait leur retirer sa confiance qu'au jour où ils auraient méconnu leur devoir. Or, ces jours sont arrivés lorsque le peuple a grandi, il était adolescent, ils le traitaient toujours comme un enfant ; delà commencèrent des murmures et des plaintes qu'il voulut refouler en lui-même, afin de paraître avec un visage serein aux yeux de ce maître redoutable qu'il honorait encore d'une crainte respectueuse. C'est ainsi qu'il grandissait, son intelligence s'élargissait ; chaque jour de nouveaux besoins se faisaient sentir ; il réclamait des réformes, des améliorations à sa position. Mais rien, rien, toujours le même régime ! et Dieu, Dieu, cependant, aimait toujours ses enfants, il leur envoyait d'abondantes récoltes ; à mesure qu'augmentaient leurs besoins, la terre multipliait ses productions. En fallait-il donc davantage pour faire comprendre aux hommes que Dieu, en les créant, ne les avait point destinés au malheur ? Cette prévoyance pour eux ne disait-elle pas qu'il les voulait heureux ; et son beau soleil, en répandant ses rayons bienfaisants sur tous les enfants de la terre, nous fait bien voir qu'il les aime tous sans préférence.

Cependant nos pères ont été malheureux, parce que ceux qui les gouvernaient n'ont pas compris ou n'ont pas voulu comprendre cette voix de Dieu qui leur disait : Aide-toi !

En voulant maintenir des priviléges éphémères, oubliant que tous les hommes étaient issus de la même origine, dans l'excès de leur vanité, ils préféraient l'humiliation du peuple à son amitié ; et ce pauvre peuple, si longtemps abreuvé du fiel de l'injustice, avait amassé dans l'amertume de son cœur des flots de colère et de haine qui, après une longue fermentation, ont fait une explosion terrible.

Mais, semblable au torrent impétueux qui renverse ses digues, une fois lancé dans l'espace, il s'est calmé bien vite ; toute sa colère s'est brisée contre les obstacles qui s'opposaient à son passage.

L'esprit de Dieu l'avait accompagné sur cette nouvelle terre promise, l'esprit de ce Dieu juste qui n'a pas dit : A toi, maître, à toi l'opulence ; à toi, esclave maudit, à toi le rude labeur, la honte et la misère ; mais qui a dit : Homme, dans chaque homme tu as un frère ; si tu m'aimes, aime ton frère, c'est là que je reconnaîtrai mes serviteurs ; celui qui hait son frère n'est pas mon serviteur, et je le maudis.

Obéissant à l'inspiration de son créateur, le peuple a tendu une main amie à ceux qui furent ses ennemis, parce qu'il avait abandonné les erreurs du passé à l'histoire du vieux monde. Hélas ! il croyait, en prenant possession de cette belle terre de la liberté, que tous ses maux allaient finir, il croyait que tous les hommes s'aimeraient après avoir été purifiés de leur corruption par le baptême de la régénération.

Il n'en fut rien ; comme nos pères, nous nous entre-déchirons, et, comme nos pères, nous sommes malheureux ; les désirs immodérés, la jalousie, nous dévorent, le venin de l'ambition nous torture ; insensés que nous sommes de passer les plus beaux jours de notre vie à user nos forces à la recherche d'un bonheur imaginaire et chimérique, lorsque, pour être véritablement heureux, nous n'aurions qu'à le vouloir. Aide-toi ! nous crie la voix de Dieu ; encore une lutte, et ce sera la dernière. Vous tous qui voulez le bonheur de vos frères, vous tous qui voulez être heureux ; vous tous, enfants des hommes au cœur pur et généreux, vous dont la corruption n'a pas détrempé les âmes, vous qui comprenez la fraternité, aux armes et raillons-nous sous l'étendard de la vertu, et déclarons une guerre à mort, non pas aux hommes, mais au démon ; jurons d'exterminer toutes les mauvaises passions. Mais, frères, si nous voulons vaincre, n'imitons pas nos pères, sachons choisir nos armes, et, je vous le jure, nous triompherons.

Nos pères ont combattu avec le glaive, et chaque victoire qu'ils remportaient les rendait plus malheureux, parce que le glaive fait couler le sang, et que le sang c'est la vie de l'homme ; et à Dieu seul appartient la vie de l'homme. Ne commettons donc plus de sacriléges, et laissons à Dieu ce qui appartient à Dieu. Ce qu'il nous faut arracher du cœur de l'homme, ce n'est pas du sang, c'est du venin, c'est la bave du démon. Ne nous y trompons pas, les causes de toutes nos discordes, la source de tous nos maux, les ennemis jurés de toutes nos félicités, sont l'orgueil, l'ambition, l'égoïsme, la jalousie et l'immoralité. Ce qu'il nous faut combattre sans pitié, c'est toutes les corruptions, toutes les démoralisations ; et lorsque ces fléaux auront disparu de la terre, tous les hommes s'aimeront comme ils doivent s'aimer ; alors seulement nous aurons la liberté, mais la vraie liberté, qui consiste à user de tous ses droits sans porter atteinte à ceux d'autrui ; cette liberté qui n'a d'autre limite que celle du devoir ; nous aurons l'égalité, mais non cette égalité de spoliation, de fureurs, de violences qui exclut la liberté et la fraternité, et qui nous replongerait dans la plus affreuse des barbaries. Mais cette égalité selon Dieu, qui a dit : « A chacun selon ses œuvres ; » cette égalité qui effacera les distinctions qui ont existé jusqu'à ce jour dans les droits de l'homme entre le pauvre et le riche ; cette égalité qui, en supprimant tous les priviléges, donnera à tous les hommes le droit de jouir du fruit de leur travail ; tous auront la même facilité de parvenir aux plus hautes fonctions, si leurs concitoyens les en jugent dignes. Tous ceux qui par leur intelligence, leur aptitude au travail, leur bonne conduite ou tout autre motif honorable parviendront à la fortune, n'auront pas plus d'envieux que d'ennemis ; ils ne trouveront que des imitateurs, puisqu'avec la liberté et l'égalité nous aurons la fraternité, mais cette véritable fraternité que le Christ nous a enseignée : « Ne faites pas à autrui ce que vous ne voudriez pas qu'il vous fît, mais faites aux autres ce que vous voudriez qu'il vous fût fait. » Grande et sublime maxime qui, après dix-huit siècles, n'a pas encore été comprise par le plus grand nombre des hommes, parce que cette sainte fraternité ne peut habiter dans le cœur d'un ambitieux, d'un orgueilleux, ni d'un envieux ; cette fraternité, qui sympathise avec tout ce qui souffre, est inconnue à l'égoïste qui ne pense qu'à lui.

Mais cette fraternité, nous l'aurons : il y a place au banquet pour tous les enfants de la grande famille. Oh ! vous, jeune mère, vieillard infirme, vous tous qui souffrez, priez, priez, nous allons combattre ; et vous, frères, courage ! la conquête sera belle, et le jour du triomphe n'est pas éloigné ; Dieu est avec nous, combattons ces vices honteux qui font la honte et le malheur de l'humanité.

D'abord, il faut que chacun soit pris pour ce qu'il vaut ; partout où nous le trouverons, arrachons le masque de l'hypocrite, car l'hypocrite démasqué cesse d'être dangereux. Chaque poison a son antidote ; c'est en leur opposant toutes les vertus que nous anéantirons tous les vices ; c'est par la moralité que nous détruirons les effets si funestes de l'immoralité.

Ce sera la lutte du bien et du mal ; le bien triomphera, parce que Dieu, qui est pour le bien, nous aidera, et à mesure que les cœurs seront purifiés de la corruption, la vertu y germera, et alors seulement, alors nous aurons la véritable fraternité.

Mais, frères, il dépend de nous que ces jours ne soient pas éloignés sur la terre de France. Aujourd'hui comme toujours, la vertu germe avec abondance, et si nos ennemis triomphent, ce n'est que par notre désunion, lorsqu'il ne faudrait, pour retirer la société de l'abîme où elle penche, qu'oublier toutes nos anciennes divisions. C'est pourquoi, dans la soirée du 23, ayant rencontré dans les rues de Paris beaucoup de ces hommes qui sous la blouse bleue et la casquette noire portaient le jabot de dentelle et la botte vernie, je n'eus pas de peine à reconnaître qu'ils étaient du nombre de ceux qu'on désigne du nom d'aristocrates, et je leur dis en entrant dans la lice populaire : Voulez-vous contracter le pacte d'une nouvelle alliance avec le prolétaire ? Et je leur répéterai encore aujourd'hui : Voulez-vous soutenir, accepter le manifeste du prolétaire, de l'honnête, du véritable prolétaire ?

Oh ! s'il en est ainsi, soyez les bienvenus ; vos pères furent nos maîtres, mais vous, vous serez nos frères aînés ; et, croyez-le, ce titre vaut bien l'autre. Nous vous aimerons, Dieu vous bénira, et les générations futures honoreront votre mémoire.

CHAPITRE VI.

Dans la soirée du 25 février, comme chaque fois que gronde le flot populaire, chaque parti avait ses émissaires dans la rue, ou plutôt il n'y avait que deux grands partis auxquels se ralliaient les partisans de toutes nuances :

Le parti populaire qui propageait et exagérait toutes les nouvelles capables de jeter le plus de fermentation, tandis que le parti du gouvernement s'efforçait de les démentir afin de calmer l'effervescence qu'elles produisaient dans les esprits.

C'est ainsi que dans tous les groupes on commentait les événements qui venaient de s'accomplir sur le boulevard des Capucines ; et, comme il arrive toujours dans ces moments de discorde civile, des orateurs de carrefour, qui sortent on ne sait d'où, mais dont la parole est toujours si puissante sur les masses, leur apprenaient, en se disant bien renseignés, la manière dont le gouvernement en agissait envers les patriotes. Semblables à un général qui harangue ses troupes la veille d'une grande bataille, les orateurs de la rue faisaient appel au patriotisme du peuple parisien contre les turpitudes de la royauté, de la royauté dont on pouvait voir de là les terribles préparatifs de défense.

Depuis longtemps, les deux ponts qui donnent sur le Carrousel étaient interdits à la circulation ; mais bientôt nous fûmes rendus au Pont-Neuf, qui présentait un aspect de sinistre augure ; de distance en distance étaient placés des feux de bivacs qui éclairaient des armes en faisceaux ; un peu plus loin, dans l'ombre, étaient rangés des soldats qui semblaient craindre les effets de la lumière. Lorsque, par moment, l'un d'eux approchait pour remuer les tisons enflammés, on voyait sur ses traits mélancoliques l'empreinte de l'abattement, rien de cette énergie qui caractérise le soldat français la veille d'une grande bataille ; il avait perdu toute sa verve ; ce soir, il était morne et silencieux. Avait-il donc peur ? Il est à l'abri de ce reproche. N'a-t-il pas fait ses preuves de courage aux yeux du monde entier ? Quel est donc cet ennemi qui le fait ainsi pâlir ? Son ennemi... le voici qui passe sur le trottoir opposé ; il se glisse si vite dans l'ombre, que c'est à peine si on peut apercevoir son poing crispé qu'il montre à la sentinelle en poussant un long grognement ; et la sentinelle frémit, porte sa main à son cœur, et une larme roule dans ses yeux, car dans cet ennemi elle vient de reconnaître son pays, son ami, qui sait ? son frère peut-être, peut-être aussi son père ; c'est pourquoi elle détourne les yeux, foule aux pieds la consigne qui lui défend de laisser passer, et son officier qui est là ne lui en fait pas le moindre reproche.

Celui-ci passe, mon ami et moi passons, d'autres arrivent encore sans qu'on entende l'écho de la Seine retentir du cri de : *Qui vive!*

Mais dans la direction du faubourg Saint-Antoine, on commence à entendre le son funèbre du tocsin, puis ensuite du côté de Saint-Remy et bientôt après Saint-Sulpice, et l'horloge des Tuileries tintait minuit et mêlait ainsi la voix de son timbre royal au son populaire de ces cloches qui sont les canons d'alarme du peuple. Et comment trouverait-il des objets plus dignes de ce rappel populaire? la cloche ne participe-t-elle pas à tous les plus grands actes de notre vie? Sa voix plaintive ou mélodieuse prend part à toutes nos joies comme à toutes nos douleurs. La cloche se réjouira avec l'heureux époux du matin, pour pleurer avec le pauvre orphelin du soir. Sa voix de bronze pénètre jusqu'au cœur, afin de communiquer directement avec l'âme, qui seule peut comprendre ce langage aérien.

O vous mortels qui dites ne rien comprendre au son des cloches, vous n'avez donc pas dans l'âme une partie de ce feu divin qui embrase le cœur d'un amour céleste? Seriez-vous donc d'une nature toute matérielle, obéissant seulement à l'instinct qui vous excite à rechercher ou éviter certaine chose?

Pour moi, le soir, en entendant le son lugubre du tocsin, mon cœur bat avec violence, il me semble entendre le son plaintif d'une voix qui appelle du secours, et à ces cris de détresse mon sang bat dans mes veines, et je me retourne involontairement comme pour chercher quelqu'un à secourir. Un grand nombre peut-être, sans bien se rendre compte de leurs impressions, partagent mes sentiments.

Si du moins on juge au mouvement qui s'opère sur les quais depuis cinq minutes que sonne le tocsin, on découvre, à la réverbération du gaz, des hommes qui paraissent se mouvoir avec la plus grande agitation.

Ce sont d'abord les derniers curieux qui regagnent leurs quartiers, espèce d'hommes désœuvrés qui, à Paris, grossissent toujours l'émeute, autant qu'on n'en est encore qu'aux discours de la borne, mais qu'on ne retrouve plus au moment du danger : toujours vaillants dans la sécurité, le premier coup de tocsin avait été pour eux le cri du *Sauve qui peut!*

Mais du côté opposé, d'autres arrivent silencieusement; ceux-là n'éviteront pas le danger, ils savent où il est, ils marchent à sa rencontre, ils comprennent le rappel populaire, et la troupe, elle aussi, comprend qu'à ce rappel les hostilités vont commencer; elle saisit ses armes en faisceaux il y a un moment; on lui envoie du renfort; un grand mouvement de troupes s'opère sur tous les ponts. Un régiment de cavalerie qui défile sur le quai du côté du Louvre nous oblige à faire une station de plus de dix minutes; pendant cet intervalle, nous pouvons contempler le spectacle qui nous environne.

Le ciel est sombre; sur les quais, à travers les feux du gaz, sont encore de rares lampions qui jettent une lumière blafarde et vacillante, dernier vestige d'une illumination agonisante. Sur les ponts et du côté du Louvre pétillent de nombreux feux de bivacs à la lueur desquels on découvre les mouvements de la troupe,

De tous côtés ce n'est que marches et contre-marches ; le galop des chevaux, le cri des sentinelles, les roulements du tambour et le son lugubre du tocsin produisent sur l'esprit une telle impression, qu'on est saisi d'une effrayante admiration en contemplant la Seine : le miroir de ses eaux, rendant le reflet de tout ce qui l'environne, offre l'aspect d'un tableau mouvant de la plus sublime terreur.

En pénétrant dans ces petites rues qui séparent les quais de la rue Sáint-Honoré, tout change d'aspect : elles sont noires et silencieuses ; toutes les portes sont fermées, pas une maison ne laisse apercevoir la moindre lumière ; mais dans ce calme frémissant, tout presage l'arrivée prochaine de l'ouragan.

C'était le silence vigilant qui règne entre deux camps ennemis la veille d'une bataille ; des deux côtés on se préparait au combat ; par moment on entendait de grands bruits sourds semblables à ceux d'une lointaine avalanche qui roule : c'était l'armée populaire qui se fortifiait au centre de la capitale ; tandis que l'armée royale, qui avait de justes raisons pour craindre d'aller braver la mort dans une attaque nocturne contre un ennemi invisible, se contentait d'organiser ses colonnes d'attaques, remettant la bataille aux premiers rayons du jour.

CHAPITRE VII.

Dans ces moments de discorde civile, on éprouve un étrange serrement de cœur à parcourir les rues pendant la nuit. La lumière douteuse des réverbères éclaire mystérieusement et par intervalle des ombres errantes qui se glissent dans les petites rues sombres et tortueuses de la grande capitale du monde. En les voyant passer si vite, on cherche à se faire illusion ; on voudrait croire que ce ne sont que des ombres ; mais l'orage gronde, la cuve est en ébullition, la terre frémit, les airs retentissent de cris furibonds : c'est une révolution.

Mais pourquoi cette révolution qui nous coûtera encore tant de sang et de larmes ? L'indigne race de Caïn s'abreuvera donc toujours de sang humain ? la loi du sabre sera donc toujours la raison des rois ? ils ne comprendront donc jamais qu'ils remplissent une mission fraternelle, et que tous les enfants de la patrie qu'ils gouvernent doivent leur être chers au même titre?

Oh! un jour l'histoire dira quels furent les agresseurs, des peuples qui font les révolutions, ou des rois qui ne font rien pour les prévenir. Là sont les enfants de la nation au cœur pur et généreux, qui vont lutter contre une royauté égoïste et corrompue, qui s'abrite derrière un rempart de soldats qui sont de la même nation, les fils, les frères, les amis des premiers.

Ce sont les deux grands pivots de la société qui vont se heurter, et, dans ce choc formidable, toute la lie que renferme le creuset social remontera à sa surface; alors apparaîtront ces hideuses figures qui portent le cachet de la destruction, apôtres de la désolation, larve des enfers, qui voudraient, comme le hibou, s'établir sur des ruines; et tandis que la société souffrira de la piqûre de ces reptiles immondes, ceux qui regretteront les injustes priviléges, les prodigalités inouïes de la royauté, ceux-là outrageront le peuple.

Voyez, diront-ils, voyez ce qu'il produit; et ces mots dans leur bouche seront un blasphème, une injure à la dignité du peuple, qui ne veut pas être, qui ne mérite pas d'être plus qu'eux assimilé à cette lèpre sociale; car si quelquefois la ténébreuse mansarde du prolétaire renferme le crime et la honte, bien souvent aussi les rideaux de dentelles et les lambris dorés n'abritent que le vice et l'infamie; si quelquefois la vertu modeste se trouve sous le fastueux cachemire de l'Inde, souvent aussi vous la trouverez sous la robe de bure.

Telles sont les réflexions que je faisais en descendant la rue Saint-Honoré, qui, à cette heure avancée de la nuit, était déserte comme les autres rues de ce quartier, qui formait le bou'evard de l'insurrection. Tout paraissait dormir.

Arrivés à portée de fusil de la place du Palais Royal, une sentinelle nous crie : *Qui vive!* Nous n'avions pas encore eu le temps de répondre à ce premier cri, qu'elle le répétait une deuxième fois; nous n'attendîmes pas la troisième, qui aurait probablement peu tardé à nous arriver, et peut-être accompagné d'un passeport pour le royaume des ombres.

Le factionnaire, après avoir procédé à l'inspection de nos poches pour s'assurer que nous n'étions pas porteurs de quelques armes meurtrières, nous assure que nous pouvons traverser la place sans crainte; mais nous avions fait trente pas à peine qu'une détonation se fait entendre tout près de nous, et presque au même moment cinq à six gardes municipaux arrivent sur nous au pas de course et la baïonnette en avant. C'est en vain que nous cherchons à leur faire comprendre qu'ils se trompent, que le factionnaire qui vient de nous fouiller nous a affirmé que nous pouvions traverser la place sans crainte; pour toute réponse, ils nous apostrophent en disant : Ce sont des canailles qui viennent ici pour nous assassiner.

A ce mot d'assassin, nous voulons reculer d'un pas; mais leur fureur redouble, leur fer nous touche, toute résistance serait inutile et téméraire ; les gardes municipaux nous saisissent au collet, et nous conduisent ainsi avec violence au corps de garde comme de vérifables criminels.

Arrivés là, après nous avoir fouillés, ils nous conduisent vers une salle de police ; avant d'en franchir le seuil, nous voulons protester encore. Un homme que l'on fouillait en même temps que nous, une vraie figure de galérien, qu'on avait trouvé porteur d'une quantité considérable d'objets précieux, venait d'être incarcéré dans cette même salle de police, et nous ne voulions pas être assimilés aux voleurs ; mais, pour toute réponse, ces acharnés défenseurs de la royauté nous jettent plutôt qu'ils ne nous font entrer dans ce cachot infect où cinquante hommes sont entassés dans une espèce de couloir qui aurait suffi à peine pour en contenir quinze ; encore à chaque instant en amenaient-ils de nouveaux qui prenaient place non à côté, mais par-dessus les autres.

Ainsi pressés, c'est à peine si on pouvait conserver la respiration ; mais la suffocation n'était pas la plus grande de nos souffrances : de malheureux citoyens qui étaient blessés ou d'autres tombés en défaillance étaient assis ou accroupis sur les dalles, et de là des gémissements douloureux : l'un crie qu'on lui broie la tête, tandis que d'autres se plaignent qu'on leur écrase les pieds ou qu'on leur brise les jambes. Malgré ces gémissements, malgré les vociférations des uns et les supplications des autres, ce ne fut que quatre heures plus tard qu'on nous conduisit militairement, c'est-à-dire comme des prisonniers de guerre, dans une vaste salle de police de la caserne du Carrousel. Là du moins nous avions de l'espace, et quoique nous fussions en ce moment au nombre de soixante-dix, nous jouissions du double agrément de pouvoir respirer librement et nous entretenir particulièrement, ce que nous n'avions pu faire encore depuis le moment de notre arrestation.

Comme nous pensions n'avoir d'autre tort aux yeux de la police que celui de nous être trouvés dans la rue à une heure indue, nous espérions être relâchés dans la matinée, ou du moins avoir la facilité de pouvoir faire parvenir de nos nouvelles à des amis qui feraient les démarches nécessaires pour cela.

Il était cinq heures du matin ; dans cette conviction, nous attendîmes le jour sans inquiétude ; mais la sombre voûte qui nous abritait n'ayant d'autre ouverture qu'un soupirail poudreux qui donnait sur la rue de Rivoli, ce ne fut que sur les neuf heures du matin que les premiers rayons du jour vinrent jeter une lumière douteuse dans les profondeurs de cette royale caverne.

Mais si le jour commençait, en chassant les ombres de la nuit, à nous permettre de pouvoir distinguer les physionomies de nos compagnons de captivité, nous commencions aussi à craindre qu'il n'y apportât pas le terme.

Dans l'impossibilité où nous étions de pouvoir communiquer avec le dehors, nous ne savions rien de ce qui se passait ; seulement toute la matinée de grands mouvements de troupes s'étaient fait entendre du côté de la place du Carrousel, et des détonations sourdes et lointaines nous faisaient comprendre que la lutte continuait ; nous faisions tous des vœux pour la victoire du peuple ; aussi un grand cri de joie sortit-il de toutes les bouches lorsqu'un peu plus tard ses mille clameurs nous apprirent son approche victorieuse ; car il était facile de comprendre qu'il ne pouvait arriver ainsi jusqu'aux portiques du sanctuaire royal qu'en triomphateur.

Bientôt on entendit du côté de la rue des bruits épouvantables ; les cris, la fusillade et le canon qui grondait sur la place nous firent croire que la royauté, aux abois, venait d'être refoulée jusque dans ses derniers retranchements, et que là devait se dérouler le dernier acte de cette sanglante tragédie.

Mais bientôt nous nous apercevons qu'il n'y avait plus de factionnaire à la porte, qui ne tarde pas à nous être ouverte. La canonnade avait cessé, mais la fusillade, qui ne s'était pas ralentie, nous faisait croire que la lutte durait toujours.

CHAPITRE VIII.

En arrivant sur la place du Carrousel, nous eûmes l'heureuse surprise de voir le triomphe du peuple déjà maître souverain de la royale demeure ; de là ces mille cris, ces mille chants, ces mille acclamations d'une multitude restée étrangère à la lutte. A ces nombreuses bandes qui arrivaient de tous les points de la capitale venaient se joindre les vainqueurs exaspérés du Palais-Royal ; les uns et les autres roulaient sur les Tuileries aux retentissantes acclamations de la victoire et de la liberté.

L'ivresse était générale, l'on ne connaissait plus d'ennemis, le peuple mêlait à ses cris celui de : *Vive la ligne !* celle-ci répondait par les cris mille fois répétés de : *Vive la réforme !*

Il y avait à peine un quart d'heure que nous étions sur la place, lorsqu'en dirigeant nos pas du côté où brûlaient les somptueux équipages royaux, nous remarquons s'avançant une colonne de peuple qui se distinguait des autres par ses nombreux drapeaux ; en tête, un homme aux cheveux blancs, le fusil sur l'épaule, un ruban rouge à la boutonnière et une écharpe de la même couleur en baudrier, paraissait être le commandant de cette colonne.

Mais ce qui attirait particulièrement la foule, c'était une jeune et belle fille, qui marchait aux côtés du vieillard, revêtue du costume des cantinières de la garde impériale.

Elle ne portait pas le petit tonneau de la vivandière, mais un petit drapeau bleu sur lequel était écrit en caractères rouges le mot : *Réforme*. Sitôt la colonne assez rapprochée de nous pour qu'il nous fût possible de faire cette remarque, mon ami s'était écrié : C'est Marguerite !

Il faut dire ici que la mère de la jeune fille, qui était cantinière aux grenadiers de la garde lors de la bataille d'Austerlitz, où son époux gagna l'épaulette, avait religieusement conservé son costume de vivandière, qui, depuis sa mort, était devenu l'une des plus précieuses reliques de sa fille.

Mon ami allait se précipiter à sa rencontre, lorsque la colonne s'arrêta subitement et forma bientôt un groupe compact au milieu duquel se faisaient remarquer le drapeau bleu ainsi que l'homme à l'écharpe rouge, qui paraissait haranguer la foule ; en effet, en approchant de plus près, nous pûmes encore entendre ces quelques mots :

« Oui, mes amis, en 1850 comme aujourd'hui, le peuple combattit héroïquement, et après la victoire il fut grand et généreux ; oubliant le passé, il mit son espérance dans l'avenir ; mais fut-il coupable en confiant cet avenir à des hommes qu'il croyait ses amis ? Qui aurait pu prévoir alors tous ces efforts tentés depuis pour rétrograder vers un passé désormais impossible ! Tous ceux qui se rappellent les promesses qu'on nous fit alors n'accuseront pas cette glorieuse révolution.

« Les seuls coupables sont les hommes qui, mentant à tous ses principes, déviant des conditions qu'elle leur avait imposées, nous ont mis dans la nécessité de recommencer aujourd'hui ce que l'on fit alors ; mais si le passé nous afflige, qu'au moins il nous garantisse l'avenir ; fermons pour toujours l'ère des révolutions, mais pour arriver à ce but, il ne faut pas déposer nos armes avant que la France ait proclamé un gouvernement qui soit la véritable expression de la volonté nationale ; ne nous laissons donc plus abuser par des promesses, ce qu'il nous faut, ce sont des actes ; mais des actes qui obtiennent la sanction de la nation tout entière.

« Lorsque chaque citoyen aura le droit de nommer ses représentants, la réaction deviendra impossible, parce que les minorités rétrogrades ne pourront plus entraver la marche de la grande majorité du pays, qui veut le progrès, cette éternelle espérance de la civilisation.

« Mais, citoyens, si nous voulons véritablement le triomphe de nos idées, n'oublions pas qu'il dépend de l'ordre, et que notre plus dangereux ennemi, c'est le désordre.

« Partout où l'anarchie cherche à lever sa tête hideuse, écrasons-la au même instant, et pour cela rappelons-nous bien que l'anarchie serait le triomphe de nos ennemis ; il faut donc que les bataillons du peuple ne soient l'épouvantail que des mauvais citoyens. »

Les applaudissements, qui n'avaient cessé d'interrompre l'orateur à chaque phrase de cette courte harangue, devinrent encore plus bruyants ; le peuple, ce grand enfant, ne savait comment témoigner toute sa sympathie à ce vieux patriarche de la liberté qu'ils pressaient de tous côtés, voulant, dans l'excès de son délire, le porter en triomphe, les uns aux Tuileries, les autres à l'Hôtel-de-Ville.

Pour les comprendre, il faut les avoir vues ces ovations populaires qui ressemblent tant soit peu à des tortures pour celui qui en est l'objet; le peuple, dans l'ivresse de son amour, étoufferait son idole par l'ardeur de ses caresses sans même s'en apercevoir.

C'est ainsi que ce vieillard, exténué, suffoqué, pouvait devenir la première victime de son triomphe, s'il n'eût été assez heureux pour faire comprendre à cette multitude qu'après la victoire il y avait quelque chose de mieux à faire que des ovations.

« L'ennemi, dit-il, l'ennemi est encore à nos portes, ne perdons pas de temps en ovations inutiles, que chacun de vous se porte où il jugera sa présence le plus nécessaire; pour moi, soldat de 92, j'ai besoin d'un peu de repos, je suis souffrant, mes forces sont épuisées, permettez que je me retire avec cette héroïque jeune fille, mon enfant d'adoption, qui a tout bravé pour me suivre à travers les barricades. »

Ce volontaire de la Convention, colonel du consulat, général de l'empire, n'était autre que le général C..., parrain de Marguerite, et, comme on doit se le rappeler, l'ancien protecteur et ami de son père.

Etant sorti à huit heures du matin pour voir les défenseurs de la liberté, la jeune fille reconnut son parrain derrière une barricade; une demi-heure après elle était à ses côtés, dans le costume que nous lui connaissons.

Toujours en tête de la colonne, si la troupe s'opposait à son passage, comme l'ange de la concorde, elle s'avançait jusque sous les baïonnettes du soldat pour lui dire : « Vous ne tirerez pas sur vos frères, vous feriez des veuves et des orphelins qui vous maudiraient; avec vous j'ai mon frère; avec nous j'ai mon père, tous deux me sont plus chers que la vie; s'il vous faut des victimes, que je sois la première, faites feu sur moi, si vous l'osez; mais non, vous ne voudrez pas faire couler le sang de vos frères.

« Dieu, notre maître à tous, défend l'homicide, vous le savez, il a maudit Caïn. »

Mais cette intervention ne se bornait pas seulement à défendre le peuple contre les soldats, elle mettait la même énergie à défendre ces derniers de la fureur des premiers, et plus d'un garde municipal est aujourd'hui redevable à son intervention de compter encore au nombre des vivants.

Elle était sortie le matin dans la ferme résolution d'encourager le peuple contre les défenseurs de la royauté; mais ce mépris qu'elle avait pour le gouvernement n'étouffait point chez elle les nobles inspirations de l'âme. A l'enthousiasme du moment, bientôt avait succédé, chez elle, la plus énergique humanité : « Il ne faut pas les tuer, s'écriait-elle; s'ils ont tué vos frères, ce seront encore de nouveaux frères que vous tuerez en les immolant. »

CHAPITRE IX.

Trois semaines-après, par une belle matinée du mois de mars, je me rendais au débarcadère du chemin de fer du Nord, en compagnie du général C.... Quatre heures plus tard, nous étions à trente lieues de Paris, c'est-à-dire à la station d'Ailly-sur-Noie, où M. Fleury nous attendait, afin de nous conduire à G..., où demeurait sa famille, et où était déjà Marguerite depuis quinze jours ; parce que le père de mon ami, en apprenant les événements qui venaient de s'accomplir, était aussitôt parti pour Paris, afin d'emmener son fils et sa future belle-fille, en attendant la célébration de leur mariage qui devait avoir lieu ce jour-là, et c'était pour nous rendre à leurs noces que nous faisions le voyage de Picardie.

La petite commune de G..., qui n'est située qu'à un quart de lieue de la station du chemin de fer, avait fait de grands préparatifs de fête ; c'est que ce jour devait avoir lieu une double cérémonie, c'est-à-dire qu'après la célébration du mariage de M. Fleury devait avoir lieu la bénédiction d'un arbre de la liberté ; mais ce qui nous surprit le plus, fut l'espèce d'ovation qui nous attendait ; non-seulement la garde nationale vint à notre rencontre à l'entrée du village, mais on avait encore élevé un arc de triomphe, et tous les habitants étaient là pour nous recevoir ; mais si je dis nous, le lecteur comprendra aisément que ces préparatifs avaient été faits en l'honneur seulement du vieux général à qui des jeunes filles, vêtues de blanc, présentèrent, dans une riche corbeille, une couronne composée de lauriers et d'immortelles.

Le père de Fleury était un des plus riches habitants de la commune. A la tête d'une industrie considérable, il avait gagné une partie de sa fortune dans le commerce ; mais s'il avait su gagner de l'argent, il avait aussi su gagner les cœurs. Chacun désirait sa prospérité, parce que l'on savait qu'en augmentant sa fortune, il augmentait ses bienfaits. Pour me servir d'une expression familière aux habitants du pays : Il partageait toujours ses bénéfices avec les pauvres, il était même bien peu d'habitants dans la commune à qui il n'eût rendu service ; aussi, en apprenant le mariage de Fleury avec la belle Parisienne, il leur suffit de savoir l'attachement que la famille de leur bienfaiteur portait au général, pour lui faire une réception à laquelle il ne s'attendait pas, mais dont il était bien digne.

Sans héritiers directs, M. C... a fait Marguerite sa légataire universelle, de plus il lui fit une promesse qui s'est réalisée. Aujourd'hui, Madame Fleury est membre de la Légion d'honneur.

Il ne me reste plus qu'à dire au lecteur pourquoi j'ai écrit ce dernier chapitre.

D'abord, ce mémoire, fruit d'une plume vulgaire, aura-t-il des lecteurs ? S'il doit en avoir, j'ai pensé qu'il pourrait s'en trouver quelques-uns de ceux qui ont vu dans leurs rangs et admiré le courage de cette héroïque jeune fille qu'ils n'ont connue que sous le nom de *la jeune Cantinière au drapeau bleu*, et c'est pour eux que j'ai écrit ces dernières lignes.

Si le récit que je leur ai fait de sa vie passée les a un peu intéressés, j'espère qu'ils me seront quelque peu reconnaissant de leur avoir appris la position actuelle de la *Cantinière au drapeau bleu*.

FIN.